AF264009

LA

# FRANCE RÉPUBLICAINE

par

## J. CONDAT ET ÉVARISTE CARRANCE

12 Biographies — 12 Photographies

**Prix : 1 franc**

## 1870

Don patriotique de l'Imprimeur A. DE LANEFRANQUE

RÉPUBLIQUE FRANÇAISE
Septembre 18
GENERAL TROCHU
JULES FAVRE
GAMBETTA
JULES SIMON
CRÉMIEUX
E. PICARD
EM. ARAGO
JULES FERRY
GARNIER PAGÈS
GLAIS-BIZOIN
E. PELLETAN
ROCHEFORT
MEMBRES DU GOUVERNEMENT DE LA DÉFENSE NATIONALE

# AU PEUPLE FRANÇAIS

L'heure de la liberté, si longtemps attendue, vient de sonner pour nos cœurs.

Nous te saluons, Liberté sainte, symbole d'amour et de fraternité ! Nous te saluons, noble République, qui viens nous apporter l'espérance et le bonheur !

C'est à toi, peuple de héros, que nous offrons les portraits des Régénérateurs de la France.

Le despotisme, subi pendant vingt ans, n'existe plus. La Nation, maîtresse de ses destinées, se lève comme un seul homme, et de toutes les bouches s'échappe cette sublime devise des Grands Peuples :

## LIBERTÉ ! ÉGALITÉ ! FRATERNITÉ !

# LA RÉPUBLIQUE FRANÇAISE

### (4 Septembre 1870)

---

Non ! nous ne sommes pas de ces peuples esclaves,
Qui s'inclinent tremblants devant les oppresseurs ;
De ces peuples bâtards, dont les parfums suaves,
Ont amolli les faibles cœurs !

Non ! nous ne sommes pas de ces peuples qui meurent,
Des Grecs dégénérés ou des Romains vaincus ;
De ces peuples enfants qui s'agitent et pleurent,
En comptant leurs derniers écus !

Nous avons pour aïeux les Gaulois légendaires,
Ces martyrs du devoir et de l'Humanité
Nous avons pour aïeux tous les grands volontaires
Du culte de la Liberté !

O sainte Liberté ! fidèle à notre histoire,
Nous avons proclamé le Peuple Souverain,
Et nous saurons mourir pour conserver la gloire
De l'Étendard du genre humain !

Septembre 1870.

---

# Le général TROCHU

C'est aux heures des crises suprêmes que les grands cœurs se révèlent. Nous connaissions le général Trochu comme un officier distingué de notre armée, mais nous ignorions le généreux citoyen prêt à mourir pour son pays.

La devise du général Trochu est à la fois simple et grandiose ; elle résume la vie du vaillant soldat : *Avec l'aide de Dieu pour la Patrie.*

Le général LOUIS-JULES TROCHU est âgé de 55 ans ; il est né à Belle-Isle-en-Mer pendant l'année 1815 qui fut si terrible pour la France ! Le 15 novembre 1835, Trochu entrait à St-Cyr. En octobre 1838 il était sous-lieutenant ; en janvier 1840 lieutenant d'état-major attaché au 6e de ligne ; en 1841 aide de camp de Lamoricière ; en 1844, capitaine aide de camp du maréchal Bugeaud ; en 1846 chef d'escadron. Trochu, nommé colonel en 1854, fut élevé au grade de général de brigade le 24 novembre 1854, devant les murs de Sébastopol. C'est à l'assaut de cette forteresse que le général fut gravement blessé.

En 1859 le général Bouat meurt subitement en Italie et Trochu est appelé à commander la deuxième division du corps de Canrobert. En 1861 le vaillant soldat fut nommé grand officier de la Légion d'Honneur. Tel est l'homme que le pays vient de placer à la tête du Gouvernement de la défense nationale. Dans une proclamation, qui restera célèbre, le général a dit à la France.

« Lorsque mon devoir sera accompli, je rentrerai dans l'obscurité de ma vie de soldat. » Cette vie de soldat, général, ne compte que de glorieuses étapes ; votre nom, qui voulait dire bravoure, sera synonyme de dévouement ; votre gloire sera désormais celle de la France !

# Gabriel-Claude-Jules FAVRE

---

Jules Favre est né à Lyon le 21 mars 1809. Son premier article publié le 29 juillet 1830 dans *le National*, demandait l'abolition de la royauté.

Ainsi, dès l'âge de 21 ans, il révélait sa haine pour le despotisme et son amour pour la liberté. En novembre 1831, Jules Favre, inscrit au barreau de Lyon, partagea les dangers de la garde nationale pendant les troubles de cette ville. En 1835, il défendit devant la Cour des pairs les accusés d'avril, et débutait par cette phrase pleine de promesses : « Je suis républicain. »

A la révolution de Février, Jules Favre, dont le nom était déjà célèbre, fut nommé secrétaire général au ministère de l'Intérieur. Elu représentant dans le département de la Loire, par 34,260 voix, il se démit de ses fonctions au ministère de l'Intérieur. Nommé membre du comité des affaires étrangères, et sous-secrétaire d'Etat au même département, il prit une part active aux travaux de l'Assemblée.

Le coup d'Etat du 2 décembre écarta pour six ans Jules Favre de la vie politique ; il se consacra tout entier à sa noble profession, et Dieu sait combien de malheureux égarés lui durent une existence que réclamait la loi.

En 1857, l'opposition soutint inutilement sa candidature pour le Corps Législatif ; en 1858, une élection partielle le fit triompher à Paris. Son nom venait de retentir glorieusement dans toute la France à l'occasion du procès Orsini, et le talent de l'orateur s'était révélé dans toute sa majesté.

Jules Favre devint dès lors le chef de ce petit noyau d'opposition qu'on appelait *les Cinq*.

En 1863, 18,744 voix confirmèrent son mandat de député.

Tout le monde connaît ses luttes à la tribune et ses improvisations admirables qui resteront comme des modèles de sagesse et de patriotisme.

En 1869, Jules Favre fut nommé membre de l'Académie française. L'illustre assemblée rendait hommage au grand citoyen, que le peuple vient de nommer vice-président de la Défense nationale et ministre des Affaires étrangères.

Nous empruntons à Cormenin les lignes suivantes, consacrées à Jules Favre :

« Tout en lui refusant cette véhémente éloquence qui se dévore elle-mê-
» me après avoir brûlé tout ce qu'elle touche ; cette éloquence qui fait des
» orateurs incomparables, qui a fait les Cicéron, qui a fait les Démosthène,
» qui a fait les Mirabeau, qui a fait O'Connel, qui a fait quelquefois
» Berryer, quelquefois de Serre, quelquefois même Guizot, j'accorderai à
» Jules Favre qu'il est le premier des avocats du barreau parisien, plus
» parfait peut-être comme avocat que Berryer lui-même. »

# GAMBETTA

Gambetta, le plus jeune de nos ministres, est né à Cahors en 1834. Tout en lui révèle une extrême vivacité: son geste, son organe, son œil plein de feu, sa figure mobile et expressive. Il a toutes les qualités physiques et intellectuelles des maîtres de la tribune, mais on retrouve aussi en lui l'homme de lettres et l'orateur.

Sa parole est facile, entraînante, pleine d'enthousiasme; sa voix sonore se prête également à l'ironie et à la violence, et ses expressions sont toujours choisies avec une merveilleuse adresse.

En 1857, n'étant alors qu'avocat stagiaire à Paris, il soutenait devant les étudiants de la Faculté de droit, des thèses politiques, religieuses et artistiques avec une verve intarissable, et dans ces réunions pleines de laisser-aller et de sans-gêne pour la pensée, on pressentait déjà le futur député, notre ministre actuel. Là, furent ses premiers succès oratoires: il eut les applaudissements de la galerie avant d'avoir ceux de la France. Que lui manquait-il donc pour les mériter? une occasion, une publicité.

Le procès Baudin s'offrit, et le jeune avocat s'y révéla tout entier. Les applaudissements de la France ouvrirent la marche de Gambetta à la tribune et c'est alors que Paris et Marseille lui offrirent un siége au Corps Législatif. Il accepta et fut pendant quelques années un auditeur assidu des séances parlementaires. L'enthousiasme des Parisiens et des Marseillais lui offrit encore la députation, et à Marseille sa candidature fut entourée d'une chaude sympathie.

Nous savons avec quelle éloquence et quel éclat le jeune député a triomphé des luttes politiques qu'il a eues à soutenir, et nous avons la certitude que Gambetta, aujourd'hui ministre de l'Intérieur, se montrera par son caractère ferme et résolu à la hauteur de sa tâche et des tristes événements que nous traversons.

# Jules SIMON

JULES SIMON est aujourd'hui ministre de l'Instruction publique et membre du Gouvernement de la défense nationale ; il est le grand homme devant lequel s'incline une jeunesse frémissante, il est l'auteur de ces livres philosophiques qui se nomment : l'*Ouvrier! le Devoir! la Famille!*

Nous allons vous dire quelques mots de cette intelligence d'élite, de cet esprit distingué, de ce cœur d'or.

Jules Simon est né à Lorient le 31 décembre 1814. A peine âgé de 13 ans, il voit le malheur tomber comme la foudre sur le toit paternel, et suspendre les études qu'il poursuivait avec succès au collége de sa ville natale. Il faut dire adieu au grec et au latin, il faut renoncer à devenir savant. Un horloger, ami de la famille, va se charger de lui, et en faire un honnête et laborieux ouvrier, cela ne sera pas ; il y a dans la tête de l'enfant le germe du génie, il ne meurtrira pas son corps devant l'établi, il ne bornera pas son intelligence à cet horizon obscur. Il part, il quitte Lorient avec six francs dans sa bourse et l'espérance dans le cœur ; il part, avec la foi qui soulève les montagnes, et va faire de lui un des plus grands hommes de son siècle. L'enfant arrive à Vannes, et donne des leçons d'orthographe et de latin ; il vit avec économie et courage et trouve le moyen de faire sa rhétorique.

Le conseil général, touché par tant de persévérance, l'envoie à Rennes, et paie ses frais d'examen. Il est reçu à l'école normale ; il est pauvre comme Job et sage comme Caton.

En 1835, il est nommé professeur à Caën, et devient l'ami de Victor Cousin ; à 24 ans il professe à la Sorbonne.

Il ne tarde pas à publier un journal, *La liberté de penser*, dans lequel il acclame, le 24 février, la République que vient de fonder le peuple.

En 1849, Jules Simon est appelé à siéger au conseil d'État ; l'empire s'ébauche, il le combat à outrance, et prédit les douloureux évènements qui devaient ensanglanter la patrie.

En 1863, il vient siéger au Corps Législatif, et, le 19 janvier 1864, il se révèle comme l'un des premiers orateurs de la France. Depuis ce jour, Jules Simon a toujours été sur la brèche ; il a combattu la tyrannie et la misère ; il a écrit des livres sublimes, et, sur chaque page de ses écrits, on peut lire en caractères immortels les mots : Devoir! patrie ! humanité !

# Adolphe CRÉMIEUX

Isaac-Adolphe CRÉMIEUX est né à Nîmes le 30 avril 1796. Il fit ses études à Paris au collége Louis-le-Grand, et son droit à la Faculté d'Aix. En 1793, son père, riche négociant israélite, avait rempli des fonctions municipales.

Le 9 thermidor, le malheur s'abattit brusquement sur la famille. M. Crémieux père fut décrété d'accusation et jeté en prison. Sa fille mourut, ses deux fils moururent, et sa maison de commerce fut entraînée dans la ruine générale.

Le futur ministre de la justice vint au monde au milieu de cette affreuse tourmente. Élevé par un père intègre, dont la vie était consacrée à payer ses dettes et à rétablir ses affaires, le jeune Adolphe comprit de bonne heure le prix du travail, et résolut de se faire une noble place dans le monde.

En 1817, Adolphe Crémieux débutait au barreau de Nîmes, et dénonçait en plein tribunal le fameux Trestaillon comme chef des assasins du Midi. Ses débuts furent éclatants ; c'était l'aurore d'une future gloire qui se levait. M. Crémieux père mourut au moment où le nom de son fils commençait à devenir populaire. Avec une vie de travail et d'abnégation, le père n'avait pu payer toutes ses dettes, le fils les paya. Ami de toutes les libertés lorsqu'elles ne signifient ni désordre ni licence, Adolphe Crémieux vint en 1830 défendre devant la Cour des pairs M. Gueron-Ranville, un des ministres du roi Charles X. Quelque temps après, l'orateur, déjà célèbre, se fixait à Paris, et achetait la charge de M. Odilon-Barrot, avocat à la Cour de Cassation.

Toutes les grandes causes trouvèrent dès lors en lui un grand défenseur. M. Adolphe Crémieux, qui est le plus illustre des israélites de France, a toujours plaidé la cause de l'antique famille mosaïque. Toutes les oppressions ont trouvé en lui le défenseur énergique et dévoué. En 1842, A. Crémieux entra à la Chambre comme député de l'arrondissement de Chinon ; en 1848, il fut nommé ministre de la justice, et remplit avec courage et dignité sa haute mission. Le département d'Indre-et-Loire l'envoya à la Constituante, et les échos de la Chambre Législative dirent à la France tout ce qu'il y avait de patriotisme et de dévouement dans cette nature loyale et franche.

Adolphe Crémieux fut arrêté et conduit à Mazas à l'heure où le coup d'État ensanglantait les pavés de Paris. Le 10 juin 1869, le digne républicain fut nommé député de Paris, et le 5 septembre il a été appelé à occuper de nouveau le ministère de la justice, et à travailler au bonheur futur de la France démocratique.

# Louis-Joseph-Ernest PICARD

ERNEST PICARD est né à Paris le 24 Décembre 1821. En 1844, il était reçu avocat, en 1846, docteur en droit, et ne tardait pas à débuter au barreau de Paris sous les auspices de Mᵉ Lionville, dont il épousa la fille.

Doué de ce talent qui plaît aux foules et qui s'appelle l'esprit, M. Picard attira promptement les regards sur lui et ne tarda pas à occuper la véritable place qui convenait à sa puissante personnalité. En juin 1858, la 5ᵉ circonscription de la Seine l'envoya siéger à la Chambre. Le député de Paris, dont les aspirations libérales étaient connues, ne resta pas au-dessous de sa haute mission. Les questions financières qu'il aborda montrèrent sous un nouveau jour cet esprit caustique et brillant. M. Picard fit partie de ce petit groupe d'opposition appelé *les cinq*. Il a combattu, avec une raillerie parfois amère, les actes du gouvernement personnel, et a été réélu en 1863 par 17,044 voix sur 23,870 votants.

M. Picard a une spécialité, écrivait M. Henri Dumont en 1866; il s'empare avec désinvolture des questions de finance et d'administration, et les éclaire par son talent.

Un de ses confrères du Palais a dit : « M. Picard est un rare esprit qui a le privilége de faire chaque année des mots dont on se souvient. »

Le Gouvernement de la défense nationale a confié un poste d'honneur au député de la Seine. M. Picard a accepté le titre de membre du Gouvernement et celui de ministre des Finances. Le pays ne pouvait posséder un défenseur plus généreux, une nature plus loyale et plus franche pour sauvegarder ses intérêts compromis.

# Emmanuel ARAGO

C'est une grande famille que cette famille Arago ; elle a donné à la France des savants, des littérateurs et des hommes politiques; elle a attaché son nom à tous les événements remarquables de notre siècle. EMMANUEL ARAGO est le fils du célèbre astronome qui consacra sa vie à agrandir le domaine de la science. Emmanuel est né à Paris le 6 juin 1812. A dix-huit, ans il se lançait dans le monde littéraire et publiait un vaudeville : *la Demande en mariage ou le Jésuite retourné*. Deux ans plus tard, il se découvrait poète, nous donnait un volume de vers, et faisait représenter sur divers théâtres des pièces charmantes, que le public accueillit avec succès. A vingt-cinq ans, il renonçait au théâtre, se livrait à l'étude du droit, se faisait inscrire comme avocat au barreau parisien, et défendait, en 1839, Martin Bernard et Barbès. En 1848, Emmanuel Arago, qui songeait au réveil du peuple, se mêla à l'épopée révolutionnaire, et demanda la déchéance de la famille d'Orléans. Le 27 février, il était nommé commissaire général de la République à Lyon, et arrivait dans la seconde ville de France pour la sauver d'un désastre imminent. Tout le monde connaît ce grand acte de sa vie politique : les ouvriers de la *Croix Rousse* mouraient de faim, les ateliers nationaux se fermaient, et la misère hideuse allait se ruer sur la ville ; Arago l'arrêta en ordonnant de prendre, sur un fonds de 500,000 f. destiné au comptoir national, la somme nécessaire à la solde des ouvriers.

Emmanuel Arago, que les Pyrénées-Orientales avaient nommé représentant, partait le 25 mai pour Berlin, en qualité de ministre plénipotentiaire.

Au coup d'État, il abandonnait sans regret la vie politique, et reprenait sa place au barreau parisien. En 1869, les électeurs de la huitième circonscription de Paris l'ont envoyé au Corps Législatif. M. Emmanuel Arago est aujourd'hui membre du Gouvernement de la défense nationale; sa voix s'élèvera vibrante et fière pour encourager les défenseurs de la patrie, et sa main républicaine saura dignement tenir le Drapeau de la Liberté !..

# Jules FERRY

Les lecteurs du *Temps* ont-ils oublié cette plume fine et spirituelle qui signait *Jules Ferry* des articles très remarqués?

L'homme politique est venu remplacer l'écrivain, M. Ferry ne défend plus dans *le Temps* les principes de l'école anglaise, dont Richard Cobden fut le chef, mais il défend à la tribune les intérêts de la France, et sa parole éloquente et vive appartient à la cause de la civilisation.

Jules Ferry a débuté dans la vie politique en 1869. Les électeurs de la 6e circonscription de Paris l'ont envoyé à la Chambre Législative, où le jeune orateur a su conquérir une place distinguée.

« Jules Ferry, dit M. Alexandre Bouljier, a prononcé en février 1870 le » premier discours qui ait attiré l'attention sur lui. Son éloquence est » vive, passionnée, sa parole est sonore et domine le bruit des interrup- » teurs qui ne partagent pas sa manière de voir. Il aborde les questions » d'affaires et les discute avec fermeté. Sa phrase est claire et va droit à » son but sans chercher l'effet, avec une légère pointe d'ironie.»

Nous avons dit que le député avait été littérateur, il a publié un volume pétillant de verve et d'esprit sous ce titre : *Comptes fantastiques d'Hoffmann.*

En résumé, Jules Ferry, est enthousiaste et ardent, comme tout ce qui est sincère et jeune. Nommé membre du Gouvernement de la défense nationale, il s'associera corps et âme au grand mouvement qui doit sauver le pays, et contribuer à l'établissement des États-Unis d'Europe.

# Louis-Antoine GARNIER-PAGÈS

Le 18 juillet 1803, GARNIER-PAGÈS vint au monde à Marseille. L'antique cité phocéenne ignorait que ce jour-là venait de naître dans ses murs une de ses gloires futures. Garnier-Pagès débuta dans la vie politique au moment de la révolution de Juillet, à l'heure où le peuple mourrait pour conquérir sa liberté. Le jeune républicain, qui s'occupait de commerce, mit un fusil sur son épaule, ferma sa maison, et voulut s'associer à ce grand peuple qui voulait reconquérir ses droits.

Garnier-Pagès organisa deux barricades dans le quartier Sainte-Avoye, et se mit à la tête de ses courageux défenseurs.

Quelque temps après, les électeurs de Verneuil (Eure) l'envoyèrent à la Chambre Législative remplacer le général Boyer de Péyreleau. Garnier-Pagès, dont le culte pour la liberté ne s'est jamais démenti, s'assit à l'extrême gauche, et s'occupa dès lors avec un grand talent de questions politiques et financières. Garnier-Pagès fut l'un des promoteurs de l'agitation réformiste en 1847.

En février 1848, il proposa, presque au dernier moment, de se rendre au banquet du XIIᵉ arrondissement, interdit par le ministère. Nommé maire de Paris, Garnier-Pagès remplaça, le 5 mars, M. Goudchaux au ministère des finances.

Arrivé à l'heure suprême de la crise, le républicain eut besoin de travailler jour et nuit à l'accomplissement de sa mission.

Parmi les mesures qu'il proposa, on doit mentionner le remboursement des dépôts de la caisse d'épargne, le cours forcé des billets de banque, la création du comptoir d'escompte et l'impôt des quarante-cinq centimes.

Une grande responsabilité pesa sur le ministre qui voulait sauver la France. Ces mesures furent adoptées malgré une forte opposition et le pays fut préservé de la honte.

Garnier-Pagès fut élu représentant du peuple à la Constituante par le département de la Seine. 240,890 voix lui donnèrent le droit de servir la grande cause de la liberté.

Au moment où l'empire s'établissait à coups de fusil, Garnier-Pagès rentra dans la vie privée et publia un aperçu de sa gestion financière sous le titre d'*Episode de la Révolution de 1848.*

Le 21 mars 1864, il fut appelé à la Chambre Législative par la 5ᵐᵉ circonscription de Paris ; depuis ce jour, l'illustre soldat de la cause républicaine n'a cessé de plaider celle de la justice et du droit. Le vieillard intègre qui fait aujourd'hui partie du Gouvernement de la défense nationale est âgé de 67 ans. Mais si la vieillesse a blanchi ses cheveux, la même intelligence brille dans son regard, et le même courage fait battre son noble cœur.

On doit à Garnier-Pagès une Histoire très-remarquable de la Révolution de 1848.

# Alexandre GLAIS-BIZOIN

GLAIS-BIZOIN est né le 9 mars 1800 à Quintin ( Côtes-du-Nord ). Il fut reçu avocat à l'âge de 22 ans, et s'associa aux luttes de l'opposition libérale contre la Restauration. Après la Révolution de Juillet, il fut nommé conseiller général de son département.

De 1830 à 1848, l'arrondissement de Loudéac l'envoya constamment à la Chambre des députés, où, placé à l'extrême gauche, il signale le compte-rendu de 1832. Sous tous les ministères, il réclama vigoureusement l'application complète des principes de 1789.

Sans cesse à la tribune, il harcèle le gouvernement de ses interpellations. Il demande la diminution de l'impôt du sel, de la taxe des lettres et la suppression du timbre des journaux.

Il prit une part active à la campagne des banquets réformistes. Le ministère Odillon Barrot présente un acte d'accusation contre le ministère Guizot ; Glais-Bizoin est un des premiers à signer cet acte.

La République est enfin proclamée. Le département des Côtes-du-Nord avait à fournir 16 représentants, Glais-Bizoin fut élu le 4e par 92,308 voix.

Glais-Bizoin, dont les aspirations ne sont pas douteuses, a toujours voté avec l'extrême gauche. Son nom est attaché à un amendement sur le droit au travail, qui fut rejeté le 14 septembre 1848. — Il combattit la politique de l'Elysée après l'élection du 10 décembre.

En 1863, il se présenta comme candidat de l'opposition dans son département : 12,827 voix l'envoyèrent de nouveau siéger à la Chambre. Dans ses loisirs, il s'est occupé de littérature, et le poète s'est révélé dans une comédie en cinq actes sous le titre : *Une vraie Bretonne*. Glais-Bizoin est un homme énergique et courageux. Nommé membre du Gouvernement de la défense nationale, il prodiguera son dévouement pour sauver la France envahie, et la diriger vers un avenir prospère.

# Eugène PELLETAN

EUGÈNE PELLETAN est une des plus pures gloires de la France. Né à Royan ( Charente-Inférieure ) le 29 octobre 1813, il fit ses études à Poitiers, y commença son droit, et vint à Paris passer ses derniers examens.

Pelletan, qui s'occupait de philosophie et d'études sociales, était, à cette époque, un des auditeurs les plus assidus de Lerminier, de Jouffroy et de Michelet ; l'élève devait bientôt devenir aussi grand que ses maîtres.

Profondément artiste, Pelletan abandonna bientôt Paris pour courir vers cette terre italienne, si féconde en poésie, et si grande en souvenirs. Il avait visité Paris en tous sens ; il abandonnait la Sorbonne et la Faculté de droit, l'Opéra et le Théâtre-Italien, pour courir à la recherche de l'inconnu. Pelletan partit avec le sac du voyageur sur le dos et le bâton du touriste à la main. Il visita Rome, Naples, Florence, l'Allemagne, la Suisse, et revint à Paris avec le bagage d'un poète enthousiaste et d'un philosophe observateur. En 1837, il débuta dans le journalisme, donna des articles à *la France littéraire*, et ne tarda pas à être serieusement attaché à la rédaction de *la Presse*. Son premier travail, qui porte pour titre : *Impression de lecture d'un Inconnu*, fut-très remarqué et commença la réputation de l'écrivain. De 1837 à 1845, Eugène Pelletan, doué d'un esprit souple et fécond, jeta au vent du journalisme une foule d'articles dictés par une érudition profonde. C'est à cette époque que Pelletan devint l'ami de ce grand poète qui a sauvé la France, et qui se nommait Lamartine.

Sous le patronage de l'auteur des *Girondins*, Pelletan se présenta aux suffrages des électeurs charentais, le 24 avril 1848.

Il échoua :

Son amour ardent pour la liberté ne parut pas une garantie suffisante aux habitants de la Charente, et Baroche lui fut préféré !

La candidature de Louis Bonaparte lui fit pressentir les grandes douleurs qu'elle réservait à la France; il créa alors, avec Arthur de la Guéronnière, *le Bien public*, dont la prudence devait interrompre la publication. En 1849, Pelletan se présenta comme candidat aux électeurs de la Charente-Inférieure.

Les temps étaient changés ! dit M. Auguste St-Yves ; le penseur, le philosophe, qui avait paru tiède aux électeurs de 1848, sembla trop ardent à ceux de 1849.

Eugène Pelletan protesta contre le coup d'État du 2 décembre. Comme toutes les natures loyales et droites, il refusa noblement toutes les offres qui lui furent faites, et se mit à travailler avec courage pour subvenir aux besoins d'une famille nombreuse.

En 1861, un article publié dans le *Courrier du Dimanche* sous ce titre : La liberté comme en Autriche, lui valut 2,200 fr. d'amende et trois mois de prison ; mais rien n'ébranle les grandes âmes !

Le 13 décembre 1863, Pelletan était nommé député de la Seine par 15,115 voix. Nous ne dirons pas ses travaux à la Chambre Législative, la France entière les connaît et les applaudit.

En 1869, 24,410 voix venaient lui dire qu'il avait dignement rempli sa mission. Eugène Pelletan a publié plusieurs ouvrages ; parmi les plus remarquables il est juste de citer : *Histoire des Trois journées, les Dogmes, le Clergé et l'Etat, les Heures de travail, les Morts inconnus, les Droits de l'homme, Adresse du roi Coton* etc. Tel est le grand citoyen que la France vient de nommer membre du Gouvernement de la défense nationale.

# Henri ROCHEFORT

Cet homme, au visage blême, au front bombé, aux cheveux crépus, au regard profond, c'est ROCHEFORT, l'idole du peuple.

C'est l'auteur de *la Lanterne*, celui qui a écrit *les Français de la Décadence*, celui qui, le premier, nous a montré les misères de la pourpre et les infamies du pouvoir personnel.

Henri Rochefort est Parisien dans toute l'acception du mot.

Fils d'un auteur dramatique qui eut son succès et son heure, nous apprend M. Bosc, Rochefort débuta fort jeune au *Charivari*, en compagnie d'Albert Wolf.

L'heure de la fortune n'avait point encore sonné pour le bouillant écrivain. Il occupait le modeste emploi d'expéditionnaire à la préfecture de la Seine, quand de M. Villemessant, qui eut toujours la main heureuse, devina son talent. *L'Événement* fut créé, et Rochefort, placé à la tête de cette milice ardente qui représentait la France de l'avenir.

Ceci n'est pas une biographie; c'est un portrait. Nous empruntons à la plume d'Arthur Arnould les lignes suivantes :

« Ce qui frappe tout d'abord chez Rochefort, c'est une extrême politesse
» et une affabilité de bon ton. Qui que vous soyez, pauvre, inconnu, gro-
» tesque même, il aura pour vous le même sourire et le même accueil bon
» enfant, dépourvu de toute pose apparente.

» Il est de l'avis d'Armand Carrel, qui répondit fièrement à M. de Girardin,
» qu'un duel n'est jamais une bonne fortune. »

L'œuvre principale de Rochefort, *la Lanterne*, a montré le talent de l'écrivain dans son véritable jour.

Sa haine pour la tyrannie se découvre à chaque page, et, pour châtier l'insolence, l'orgueil, l'immoralité, l'ancien expéditionnaire a retrouvé la plume redoutable de Juvénal.

Une seconde bastille était à démolir : celle du despotisme et du pouvoir personnel. Rochefort, à coups de Lanterne, a fait sauter plus de pierres de l'édifice tyrannique qu'en aurait brisé à coups de pioche le meilleur maçon.

Citoyen Rochefort, vous avez bien mérité de la patrie : vous avez été vaillant et courageux. Le Gouvernement de la défense nationale, en vous appelant à siéger parmi les régénérateurs de la France, n'a fait que devancer le vœu de la Nation souveraine.

Bordeaux. — Imprimerie centrale A. de Lanefranque, rue Permentade, 23-25.

# PHOTOGRAPHIE POUR TOUS

*91, Bordeaux, Rue Malbec, 91*

Directrice : M^me Marie CONDAT

# AGRANDISSEMENTS

## PAR LA LUMIÈRE SOLAIRE

et la

# LUMIÈRE ÉLECTRIQUE

*A 50 pour 100 au-dessous des prix ordinaires*

Cartes de visite très-soignées à 6 fr. la douzaine ; 3 fr. 50 la demi-douzaine

## PORTRAITS-TIMBRES A 5 FR. LE CENT

Cartes miniatures à 5 fr. les quatre douzaines

Papier à lettre, avec portrait miniature de l'acheteur sur chaque feuille : 5 fr. les cinquante feuilles doubles. — Papier à cigarette, avec portrait miniature de l'acheteur sur chaque cahier : 10 fr. la boîte de cent cahiers.

## PAIEMENTS EN MANDATS OU TIMBRES-POSTE

*Pour se procurer ces photographies*

Il suffit d'envoyer sa carte photographique.

Bordeaux. — Imprimerie centrale A. DE LANEFRANQUE.